Gerd und Marlene Haerkötter

Kochen – Heilen – Zauberei

Rund um den Löwenzahn

Band 5

D1734454

Eichborn Verlag

Geheimnisse, Nutzen und Rezepte
von sechs alltäglichen Pflanzen

Birke

Brennessel

Heckenrose

Hollunder

Löwenzahn

Wacholder

CIP-Kurztitelaufnahme der Deutschen Bibliothek

Haerkötter, Gerd:
Kochen – Heilen – Zauberei / Gerd u. Marlene
Haerkötter. – Frankfurt am Main : Eichborn
  ISBN 3-8218-1306-7 Pb. in Kassette : DM 300.00
NE: Haerkötter, Marlene:
Haerkötter, Gerd: Rund um den Holunder. – 1987

© Vito von Eichborn GmbH & Co. Verlag KG, Frankfurt am Main, März 1987. Cover: Uwe Gruhle. Gesamtherstellung: Fuldaer Verlagsanstalt GmbH. ISBN 3-8218-1303-6. Verlagsverzeichnis schickt gern: Eichborn Verlag, D-6000 Frankfurt 70

INHALT

Der Löwenzahn – des einen Freud, des anderen Leid

Der Löwenzahn – ein nützliches Unkraut

Der Löwenzahn im Volks- und Aberglauben

VON DES SAMENS REINER WEISSER KUGEL

Für Kinder ist der Löwenzahn eine beliebte **»Spiel-Pflanze«**. Jedermann erinnert sich gern an die vielfältigen Möglichkeiten, die Blatt, Stengel, Blüte und Fruchtköpfchen dieser Pflanze dem Spieltrieb boten.

Mancher erinnert sich vielleicht auch daran, daß der Löwenzahn noch mehr zu bieten hat – für die Küche und für die Hausapotheke. Dennoch, die schönen goldgelben Blüten der Kuhblume erwecken im Frühjahr nicht nur frohe Gefühle. Dem Landwirt und Gärtner bereitet diese Pflanze Kummer und Plage. Sie besetzt nach einer ausgeklügelten Strategie ganze Gärten und ausgedehnte Wiesenflächen, und ihre Bekämpfung gestaltet sich recht schwierig.

Ein wenig von der zwiespältigen Wirkung des Löwen-zahns auf den Menschen spiegelt das Gedicht »**Der Löwen-zahn**« von J. Weinheber wieder:

> *»Keine Vase will dich.*
> *Keine Liebe wird durch dich erhellt.*
> *Aber deines Samens reine weiße Kugel*
> *träumt wie eine Wolke, wie der Kern*
> *der Welt.*
>
> *Lächle! Fühl dich wohl gedeutet!*
> *Blühe! So wird aus Schweigen Huld.*
> *Bittre Milch und Flaum, der gleitet:*
> *O, nicht Haß – den Himmel weitet*
> *Weisheit, Stillesein, Geduld.*
>
> *Wärst du auf der Höh geboren,*
> *Ferne, selten, früh empor:*
> *Teilnahmslosen Gang der Horen*
> *Blühest ruhmvoll unverloren,*
> *Groß, dem Wunder vor.«*

VOM NAMEN

Im Botanikerlatein heißt der Löwenzahn Taraxacum officinale. Man vermutet, daß sich der Gattungsname Taraxacum von dem arabischen Wort Tharakhchacon ableitet, das eine blaublühende Zichorienart meint. Andere leiten Taraxacum aus dem Griechischen ab: Hier bedeutet taraxis = Entzündung und akénomai = ich heile. Da aber diese Pflanze in der Literatur der Griechen nicht erwähnt wird, hat sie zu jener Zeit wohl keine Bedeutung als Heil- oder Nutzpflanze gehabt. Linné, der Altmeister der botanischen Systematik, ordnet den Löwenzahn unter Leontodon taraxacum in sein System ein. – Der heute üblich Artname officinale gibt einen Hinweis auf die Verwendung des Löwenzahn als Heilmittel.

Der Name Löwenzahn ist nicht volkstümlich, sondern eine Übersetzung des griechischen Wortes leontodon. Im Volke hat der Löwenzahn 500 verschiedene Namen. Weil er weißen Milchsaft führt und gelbe, an Butter erinnernde Blüten hat, heißt er Kuhblume, Butterblume. Die Bezeichnungen Hundeblume oder Ossenblaume (Westfalen) deuten auf das Kräftige, Robuste in der Erscheinung dieser Pflanze hin. Die Benennungen Teufelsblume, Düwelsblom beziehen sich auf den Löwenzahn als lästiges, langlebiges Unkraut. Die Namen Butterblom, Butterstock, Schmalzblume, Eierbusch, Goldblom, Sunnawirbel und Sonnenblum leiten sich von der Blütenfarbe ab. Der Gebrauch der Löwenzahn-Stengel als

Löwenzahn in modifizierter
Erscheinunfgsform

meist unangenehm klingendes Musikinstrument im Kinderspiel gab der Pflanze den Namen Brumma oder Hüppeblume. Da sich in der Blüte Käfer der verschiedensten Arten tummeln, die von den Kindern pauschal als Läuse bezeichnet wurden, hieß der Löwenzahn auch Lusblom oder Loisblom. Der in allen Teilen der Pflanze vorkommende Milchsaft gab der Pflanze auch die Namen Milchdistel und Milchbruch. Weitere Bezeichnungen sind Bitterblume, Pusteblume, Mönchskopf (Pfaffenröhrlein), Wiesenlattich, Kettenblume und Wilde Zichorie.

Die meisten im Ausland gebräuchlichen Namen für den Löwenzahn beziehen sich auf die Form der Blätter, die Fruchtsäfte und die arzneiliche Verwendung: dane-lion, blowball, monk's head (England); dente di lione, capo di frate, capo di monaco (Italien); dent-de-lion, piss-en-lit (Frankreich); Lövetand (Dänemark); Löwetann (Norwegen). – In einigen Gegenden Deutschlands fand die französische Bezeichnung des Löwenzahns, piss-en-lit (so genannt wegen seiner guten wassertreibenden Eigenschaften), eine Entsprechung: Pissblume (Bergisches Land), Seichkraut (Bayern) und Bettpisser oder sogar Bettschisser (Hessen).

STECKBRIEF

Der Gemeine Löwenzahn *(Taraxacum officinale)* ist eine ausdauernde Pflanze und gehört zur Familie der Korbblüter *(Compositae)*. Der Botaniker unterteilt die Korbblütler in die Unterfamilie der Röhrenblütler *(Tubiliflorae)* und der Zungenblütler *(Liguliflorae)*. Zur letzteren Unterfamilie gehören neben dem Gemeinen Löwenzahn noch der eigentliche Löwenzahn *(Leontodon)*, die Wegwarte *(Cichorium)*, der Pippau *(Crepis)*, der Lattich *(Lactuca, der Kopfsalat)*, die Gänsedistel *(Sanchus)* und die Schwarzwurzel *(Scorzonera)*. Bei den Korbblütlern sind die Blüten zu einem Körbchen (Köpfchen) zusammengefaßt. Die Einzelblüte ist entweder eine Zungen- oder eine Röhrenblüte.

BESCHREIBUNG

Der unterirdische , dicke, oft verzweigte Erdsproß der Kuhblume schickt eine starke Pfahlwurzel in tiefere Erdschichten, so daß die Pflanze auch in Trockenzeiten und bei Nährstoffmangel noch genügend Wasser und Mineralien aufnehmen kann. Schneidet man die Pflanze ab, kann aus dieser Wurzel – am Wurzelhals – aufgrund der im Wurzelstock gespeicherten Nährstoffe eine neue Pflanze entstehen. Dieser

Gemeiner Löwenzahn, *Taraxacum offuernalis*

Umstand und die Tatsache, daß der lebenstüchtige Löwenzahn innerhalb eines Sommers zwei Generationen das Leben ermöglicht, also zweimal blüht und Früchte hervorbringt, macht seine Bekämpfung so schwierig.

Die Blätter bilden eine Rosette, die sich auf ärmeren Böden flach ausbreitet, damit kleineren Pflanzen das Licht nimmt und sie zum Absterben bringt. Gleichzeitig kann durch die Blattrosette die Bodenfeuchtigkeit schlechter verdunsten. Dadurch werden die Seitenwurzeln besser mit Wasser versorgt. Rinnenartige Vertiefungen in der Blattmitte sorgen zusätzlich dafür, daß die Pfahlwurzel genügend Wasser bekommt. Auf gut mit Nährstoffen versorgten Böden und zwischen üppigeren Nachbarpflanzen richten sich die Blätter auf, der Sonne entgegen.

Besonders auf trockeneren Standorten ist der Blattrand tief eingeschnitten. Die »**Zähne**« sind zum Blattrand gerichtet, man sagt, das Blatt ist »**schrotsägig**«; der Blattrand ähnelt einem Raubtiergebiß, eben dem Löwenzahn. Auf diese »**Zähne**« bezieht sich auch das Löwenzahn-Gedicht H. Waggerls:

»Untertags
sind die wilden Löwenzähne
unterm Blütendach der Kirschen
zahme Äsung für den Hirschen.

Aber wag's,
nachts beim ersten Schrei der Hähne
dich an sie heranzupirschen –
wie sie dann im Blutdurst knirschen!«

Auf fruchtbaren, feuchten Standorten können die Blatteinschnitte weniger ausgeprägt sein, wie überhaupt die Blattform je nach Wachstumsbedingungen recht unterschiedlich sind.

Schon im zeitigen Frühjahr entspringen aus der Blattrosette mehrere bis zu 30 cm lange, runde, hohle Blütenköpfe. Auf trockenen Böden ist der Schaft kürzer und dünner. Der Schaft und alle anderen Pflanzenteile enthalten einen weißen Milchsaft, der besonders bei Pflanzen auf guten Böden reichlich fließt. Dieser weiße, bitterschmeckende Saft gerinnt an der Luft sehr schnell. Er hat die Aufgabe, die Pflanze vor Tierfraß zu schützen und Wunden zu schließen.

Korb-Blüte
Einzelblüte

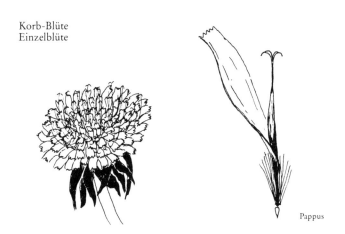

Pappus

Das leuchtende Gelb der Blütenköpfe der Kuhblume überzieht im Frühjahr oft ganze Wiesen und Weiden. Bei Sonnenschein entfalten sich die zahlreichen zwittrigen Zungenblütchen des Körbchens. Bei feuchter Witterung oder am Abend schließen sich die Blütenköpfe. Dann kann man deutlich den grünen Hüllkelch sehen, der die ganze Blüte umschließt. Öffnen und Schließen der Blüte wiederholen sich, bis die Pflanze verblüht ist.

Im gewölbten Blütenboden des Löwenzahns stecken die 100 bis 200 Einzelblüten als 3 bis 7 mm lange Zungenblüten, Röhrenblüten fehlen völlig. Am Grunde der Einzelblüte befindet sich der Fruchtknoten. Zudem hat jede Einzelblüte fünf Staubbeutel. Sind die Pollen reif, werden sie aus dem Staubbeutel herausgeschoben und haften an den Bauchhaaren der die Blüte besuchenden Insekten, die sie auf die Narben der benachbarten Blüten bringen.

Man weiß heute, daß der Blütenstaub meist unfruchtbar ist; dennoch werden genügend Früchte mit keimfähigem Samen hervorgebracht, da der Löwenzahn zur Jungfrauenzeugung *(Parthenogenese)* fähig ist. Die reifen Eizellen entwickeln sich ohne Verschmelzung mit einer Samenzelle.

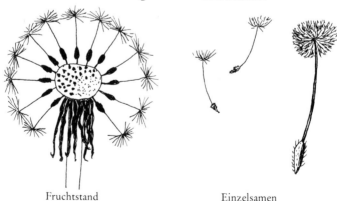

Fruchtstand   Einzelsamen

Im Schutze der Hüllblätter des Blütenkelches reifen die Früchte heran. Die Kronblätter fallen allmählich ab. Der um die Einzelblüten gelegte Haarkelch oder Pappus verlängert sich, gleichzeitig schiebt sich zwischen Fruchtknoten und Pappus ein feiner Stiel, der sogenannte Schnabel. Bei schönem Wetter breitet sich der Pappus schirmartig aus, der Wind erfaßt dieses zarte Gebilde und trägt die Frucht – am »**Fallschirm**« hängend – weit fort. Bei feuchter Witterung bleibt der Hüllkelch geschlossen. Landet ein solcher Fallschirm auf geeignetem Untergrund, verankern sich die Zähnchen der Früchte im Boden.

Ist vom Löwenzahn die Rede, denkt man gewöhnlich an den Gemeinen Löwenzahn (*Taraxacum officinalis*) und nicht an den Herbst-Löwenzahn (*Leontodon autumnalis*) oder den Rauhen Löwenzahn (*Leontodon hispidus*). Diese Pflanzen haben zwar im Habitus viel gemeinsam, sind jedoch leicht voneinander zu unterscheiden.

Der Herbst-Löwenzahn hat einen verzweigten Stengel und trägt mehrere Blütenköpfe. Beim Rauhen Löwenzahn stehen die Blütenköpfe nicht aufrecht, sondern hängen herab.

Herbst-Löwenzahn   Rauher Löwenzahn

Zu erwähnen ist an dieser Stelle auch noch der Löwenzahn-Pippau *(Crepis taraxifolia)*, der, wie der Artname sagt, dem Löwenzahn ähnliche Blätter hat. Er hat jedoch beblätterte Stengel und ist mehrköpfig, so daß er leicht von *Taraxacum officinalis* zu unterscheiden ist.

Vom Gemeinen Löwenzahn sind viele Subspezies bekannt, z.B. die Unterart vulgare, die in Mitteleuropa weit verbreitet ist, die ssp. alpinum in den Alpen, die ssp. handeli ist in Amerika zu Hause, die Subspezies megelorrhizon, die im Mittelmeerraum und auf der Krim heimisch ist und Kautschuk liefert, ebenso wie die ssp. kok-saghyz, die in Osteuropa als Kautschuk-Pflanze angebaut wird.

Wissen-
Pippau

Vorkommen und Standort

Der Gemeine Löwenzahn ist ein weitverbreitetes Wildkraut, man findet es auf der gesamten nördlichen Halbkugel, aber auch auf fast allen anderen Kontinenten.

Diese Pflanze stammt aus den Gebirgen Zentralasiens. Ihre Anpassungsfähigkeit an Klima- und Bodenverhältnisse setzte sie in die Lage, sich auch in solche Gebiete vorzuwagen, die den Umweltbedingungen ihrer Heimat kaum entsprachen. Zudem hat sich die Pflanze im Laufe der Jahrtausende im Habitus so verändert, daß sie in viele neue Umwelten paßte. So sind heute Hunderte von Löwenzahn-Formen bekannt, die sich durch Blütenfarbe, Form der Blätter usw. unterscheiden.

Der bei uns heimische Löwenzahn gedeiht am besten auf fruchtbaren, feuchten Lehmböden, er wächst aber auch auf mageren, steinigen Sandböden, dort allerdings nicht so üppig. Am Beispiel Löwenzahn wird Schülern und Studenten der Unterschied zwischen Mutation und Modifikation erklärt. Läßt man sich vegetativ vermehrende Löwenzahnpflänzchen unter extremen Umweltbedingungen aufwachsen, dann können so stark veränderte Pflanzen entstehen, daß man sie kaum wiedererkennt. Wachsen solche zwergwüchsigen Löwenzahn-Exemplare in der nächsten Generation wieder unter ihnen zusagenden Bedingungen, so entwickeln sie sich ganz normal.

Zur Gewinnung von Löwenzahn-Präparaten für die Heilkunde wird diese Pflanze in Kulturen angebaut. Vor allem in Thüringen (Jenalobnitz) und in Bayern (Schweinfurt) kultiviert man seit jeher diese Heilpflanze. Erst im zweiten Frühjahr nach der Aussaat wird hier die ganze Pflanze – Blatt mit Wurzeln – geerntet und weiterverarbeitet.

DER LÖWENZAHN
ALS HEILPFLANZE

Um die Heilwirkungen des Löwenzahns besser einschätzen zu können, muß man einiges wissen über seine

INHALTSSTOFFE

In der ganzen Pflanze – in der Wurzel, in den Blättern, in der Blüte und im Milchsaft – findet sich in größeren Mengen der Bitterstoff Taraxin, ein Gemisch aus verschiedenen Gerbstoffen. Die Wurzel ist zudem noch reich an Inulin, einem Kohlenhydrat, das im Herbst bis zu 40 % in der Wurzel vorkommt; daneben findet man in ihr noch wertvolle Eiweißstoffe.

Das Blatt enthält außer dem Taraxin noch Triterpen-Alkohole, Saponine, enzymähnliche Substanzen, Cholin und ätherisches Öl. Bis heute ist unklar, auf welchen Wirkstoff die Gallewirkung des Löwenzahns zurückzuführen ist. Hinzuweisen ist noch auf die erheblichen Mengen an den Vitaminen C, A und D und an Mineralien, vor allem im Löwenzahnblatt. Der Milchsaft enthält eine wachsartige Verbindung.

SAMMELN UND AUFBEREITEN

Der günstigste Zeitpunkt zum Sammeln der Blätter für Heilzwecke liegt vor der Öffnung der Blüte. Will man die ganze Pflanze verwenden, sticht man Rosette und Wurzel im Frühjahr aus, dann ist der Wirkstoffgehalt am höchsten. Die Wurzel allein wird im Herbst gestochen, dann enthält sie sehr viel Inulin und schmeckt süßlich und leicht bitter.

Die Droge wird gründlich gereinigt, die Wurzel gespalten und mit dem Kraut zusammen an einem luftigen Ort aufgehängt. Später trocknet man die Droge in Ofennähe nach.

WAS DIE ALTEN VOM LÖWENZAHN HIELTEN

Man kann nicht davon ausgehen, daß Griechen und Römer den Löwenzahn bereits als Heilpflanze kannten, da er in deren Literatur nicht erwähnt wird. In den klassischen Kräuterbüchern der beginnenden Neuzeit kommt er als Pfaffenröhrlin vor, deshalb so genannt, weil das Blütenköpfchen zur Zeit der Fruchtreife entfernte Ähnlichkeit mit den geschorenen Köpfen katholischer Geistlicher hat. Unter den Bezeichnungen *dens leonis*, *caput monachi* und *taraxacum* wird er im 14. Jahrhundert hier und da erwähnt. Auch auf seine wassertreibende Kraft wird verwiesen: »*Dens leonis hat stiele wie die ureteres (Harnleiter) und treibte aus den harn.*« (Johann Frank, 1594)

Da der Löwenzahn den Römern nichts galt und auch von Dioskorides nicht beachtet wurde, sucht man eine Beschreibung dieser Pflanze bei seinen Adepten O. Brunnfelß und L. Fuchs vergebens. Bei Fuchs findet man es in dem Kapitel **»Wegwarte«** »*ein ander Geschlecht mit den breyten blettern*«, und die »*gemeynen kreutler nennen solches gewechs Dentem leonis. Die Apotheker Taraxacum, zu teuscht Pfaffenröhrlin*«. Er beschreibt diese Pflanze so: »*Das Pfaffenröhrlin breytet sich ... auf der erden auß mit seinen blettern, welcher viel seind, zu beyden seiten zerspalten. ... Mitten auß dem stock dieses gewechß tringen herauß hole lange glatte röhrlin, ohn gleych und knöpff, auf derselben gipfel wachsen grüne bartete knöpfflin, welce, so sie aufgehen, werden zu schönen geelen dotterfarben gefüllten blumen, als gemalte schöne sonnen. Alsbald solche blumen zeitigen, werden haarige runde und wollechte köpff daraus, die fliegen sehr bald davon, das ist der Same. Nach dem die röhrlin mit den weißen geschorenen runden blatten (Platte) ledig, wie die nackten Mönchsköpff.*«

Von der **Krafft und Würckung** dieser Pflanze heißt es: »*Pfaffenröhrlin gesotten und getruncken stopfen den Bauchfluß. Mit Linsen gesotten, seind sie gut getruncken denen, so die rote rhur haben. Wenn einem der männliche same entgeht, so soll er von den Pfaffenröhrlin trincken. Sie sind auch trefflich gut denen, so blut außspeien.*«

Da auf die hervorstechendste Eigenschaft des Löwenzahns nicht eingegangen wird, seine wassertreibende Kraft, muß man bezweifeln, ob L. Fuchs unseren Löwenzahn meint.

Hieronymus Bock beschreibt das Äußere des Löwenzahns so wie L. Fuchs, und er traut ihm folgendes zu: »*Weiber pflegen sich under Augen mit diesem Wasser zu waschen, verhoffen dadurch ein lautter Angesicht zu erlangen und die roten Blätterlin (Sommersprossen) damit zu vertreiben.*« Matthiolus hat zu den **»Kräfft und Artzeneyen«** des Löwenzahn (?) noch dieses gefunden: »*Das Wasser von dem Röhrlin ist gut zu dem Gesicht, macht klare lautere Augen. Löscht allerlei Hitz in allen Gliedern.*«

Im Jahre 1744 erwähnt Zwinger diese Pflanze und spricht auch von ihrer diuretischen Wirkung: »*Das Röhrleinkraut soll samt den Bluhmen und Wurtzeln im Aprillen oder Anfang Mayens destilliert werden, wenn es in seiner vollkommenen Bluhme ist. Dieses Röhrleinwasser ... reinigt die Nieren, Harngänge und Blasen.*«

Tabernaemontanus setzte den Löwenzahn bei allen **»gehauenen und gestochenen Wunden«** ein und berichtet von guten Erfolgen.

Durch Einlegen der Löwenzahnwurzel in Wein stellte man das Vinum e dente leonis her, das gegen das drei- und viertägige Fieber helfen sollte.

Auch im Einsatz gegen Warzen kam der Löwenzahn zu Ehren, allerdings mußte er dazu **»am dritten Tag im abnehmenden Mond«** gepflückt werden. Noch am gleichen Tage mußte man die Warzen mit dem Milchsaft dieser Pflanze bestreichen; so wie der Mond abnahm, so nahmen auch die Warzen ab.

In Schroeders Medizinchymischer Apotheke (1685) wird sogar behauptet, daß der Löwenzahn nicht nur ein **»lautter Angesicht«** mache, er diente auch dem Liebeszauber. Das Glück in der Liebe könne nicht ausbleiben, »*wann* *man (sich) mit dem Saft vermelltem Krautes bestreiche, daß man bey grossen Herren angenehm dardurch werde und auch erhalten könne, was man begehre«.*

Es wird auch davon berichtet, daß der Saft des Löwenzahns gegen Augenleiden eingesetzt wurde; schon das bloße Umhängen einer Löwenzahnwurzel sollte Triefaugen heilen und allgemein ein schönes Angesicht machen.

In späteren Jahrhunderten richteten die Ärzte ihr Augenmerk mehr und mehr auf die wassertreibende Wirkung der Löwenzahn-Auszüge und setzten sie bei Rheuma und Gicht, aber auch bei Erkrankungen der Leber und Galle ein. So wird berichtet, daß der britische Leibarzt Friedrich des Großen, J.G.v. Zimmermann, versuchte, die schon recht weit fortgeschrittene Wassersucht seines Patienten mit Löwenzahn zu heilen. Er konnte Anfangserfolge verzeichnen, diese wurden jedoch durch die unmäßige Eßlust des Patienten zunichte gemacht.

WAS DER LÖWENZAHN ALS HEILKRAUT WIRKLICH LEISTEN KANN

In der wissenschaftlich orientierten Heilkunde wurde dem Löwenzahn bis vor kurzem nicht allzuviel zugetraut, weil man keine wissenschaftlich exakte Erklärung für die Wirkweise seiner Inhaltsstoffe hatte. Heute ist man geneigt, die Heilkräfte des Löwenzahns wieder anzuerkennen. R.F. Weiß meint in seinem Lehrbuch der Phytotherapie (Stuttgart,

1985): »*Gerade der Löwenzahn ist ein typisches Beispiel dafür, wie eine Heilpflanze nicht mit einem Wirkstoff allein gekennzeichnet werden kann. Erst die Summe einer großen Zahl sehr verschiedener Inhaltsstoffe macht die eigentliche und besondere Wirkung aus.*«

Diese Wirkung sieht (nach Phytotherapeutische Welt, Frankfurt, 1983) so aus: »*Als Amarum steigert Taraxacum die Sekretion der Verdauungsdrüsen. Nach intravenöser Injektion von Löwenzahnextrakten wird eine Erhöhung der Gallensekretion beobachtet. Einem frisch gepreßten Wurzelsaft wird in der Volksmedizin eine cholagoge (auf die Galle gerichtete) und diuretische (wassertreibende) Wirkung nachgesagt. Die getrocknete und feingeschnittene Wurzel wird in Form von Tee bei Stoffwechsel-, Leber- und Darmkrankheiten verwendet.*«

Für den Löwenzahn gilt – wie für die meisten unserer einheimischen Heilkräuter – der bedauernswerte Umstand: Viele unserer Ärzte kennen seine Heilwirkungen nicht und können ihn deshalb ihren Patienten nicht empfehlen. Diese auf die Chemie fixierten Mediziner verordnen lieber Pillen und verpassen dem Kranken die versprochenen Nebenwirkungen der synthetisch fabrizierten Medikamente gratis mit.

In der Volksmedizin ist der Löwenzahn bis heute eine Heilpflanze, auf die niemand verzichten möchte. Schon früh wurde erkannt, daß der Löwenzahn die Tätigkeit der Nieren anregt. Dieser Umstand ließ sich bei Wassersucht, Rheuma und Gicht nutzen. Die Inhaltsstoffe des Löwenzahns sind aber nicht nur wassertreibend; heute weiß man, daß ihre Wirkstoffe alle großen Körperdrüsen aktivieren und den Stoffwechsel und das Bindegewerbe beeinflussen. Die vielfältigen Wirkstoffe des Löwenzahns sind durchaus in der Lage, das Allgemeinbefinden zu verbessern.

Die Stoffwechselwirkungen des Löwenzahns werden bei rheumatischen Erkrankungen genutzt. Vor allem bei chronischen Formen der Arthrose ist der Löwenzahn wirksam. Nach der schon zitierten **»Phytotherapeutischen Welt«** hat die Droge noch diese Wirkung: »... *aber auch chronisch degenerative Erkrankungen der Wirbelgelenke mit Neigung zu Ischias und Hexenschuß werden günstig beeinflußt.*«

Nach der gleichen Quelle zeigt der Löwenzahn auch bei äußerlicher Anwendung Heilwirkungen, nämlich bei Geschwüren, chronischen Ekzemen und Flechten der Haut, wenn Breiumschläge aus gehackten Blättern und Blüten aufgelegt werden.

Auch als Bittermittel ist der Löwenzahn seit langem in der Volksmedizin anerkannt. Er wirkt appetitanregend und verdauungsfördernd. Vor allem die im Herbst gesammelten Wurzel wirken wegen ihrer hohen Inulingehaltes gegen Verstopfung und Hämorrhoiden.

Besonders hervorzuheben ist die Wirkung des Löwenzahns auf Leber und Galle. Nach G. Harnischfeger und H. Stolze (in »Bewährte Pflanzendrogen in Wissenschaft und Medizin«, Bad Homburg, 1983) sind nach klinischen Beobachtungen günstige Wirkungen des Löwenzahns bei Galle- und Lebererkrankungen zu erwarten. Verschiedene Zubereitungen aus dieser Pflanze begünstigen den Gal
fluß. Bei Kranken mit Leberkongestion und Gallensteinen wurden die schmerzhaften Krisen verringert und die Symptome der Leberinsuffizienz gebessert.

ZUBEREITUNGEN

Tee

Für diese Zubereitung werden Wurzel und Kraut des Löwenzahns verwendet. 1–2 Teelöffel der Droge gibt man auf eine Tasse Wasser, läßt kurz aufkochen und eine Viertelstunde ziehen. Von diesem Tee trinkt man mindestens sechs Wochen lang morgens und abends eine Tasse, und man fühlt sich danach wirklich wohler und tatkräftiger. Die Droge kann man auch in der Apotheke unter der Bezeichnung *Radix Taraxaci cum herba* kaufen.

LÖWENZAHN ALS NIERENSTEIN-TEE
(nach Dr. R.F. Weiß)

Auf die Anregung der Nierentätigkeit durch die Wirkstoffe des Löwenzahns wurde mehrfach hingewiesen. Nach der Anwendung dieses »Stein-Tees« werden die Nierensteine und Harnleitersteine mitgerissen, oder es wird deren Bildung vorgebeugt. Der Tee wird so bereitet: 2 Eßlöffel Löwenzahnwurzel und -kraut mit einem halben Liter Wasser zum Kochen bringen, 15 Minuten ziehen lassen und abseihen. Den gesamten Tee innerhalb von 15 bis 20 Minuten trinken. Die Folge ist eine starke Wasserausscheidung, die kleinere Steine herausschwemmen kann.

GALLE-TEE

100 g Teemischung werden so hergestellt: Benediktinenkraut, Wermut, Pfefferminze, Mariendistel und Löwenzahnblätter werden zu gleichen Teilen gemischt.

Von dieser Mischung nimmt man 1 Teelöffel auf 1 Tasse kochendes Wasser und läßt 20 Minuten ziehen. Um eine Wirkung zu erzielen, muß über 3–4 Wochen täglich 3 Tassen von diesem Tee getrunken werden.

Etwas einfacher in der Zusammensetzung ist dieser Galle-Tee: Löwenzahn (Wurzel mit Kraut) wird mit Mariendistel zu gleichen Teilen gemischt. Anwendung wie oben. Hier wirken die Inhaltsstoffe des Löwenzahns mit den ebenfalls ausgezeichnet gallewirksamen Inhaltsstoffen der Mariendistel in die gleiche Richtung.

STANDARD-TEE FÜR FRÜHJAHRSKUREN

Löwenzahn (Wurzel und Blatt), Brennesselblätter und Melisse werden zu gleichen Teilen (Gesamtmenge 50 g) vermischt. 2 Teelöffel dieser Mischung gibt man auf 1 Tasse, läßt kurz aufbrühen und seiht ab. Von diesem Tee trinkt man im Frühjahr 2–3 Tassen über mehrere Wochen.

Nach P. Lüth (Medikamentenbuch, Hamburg, 1980) besteht der klassische Stoffwechsel-Tee aus drei Elementen: einem sogenannten Antidyskratikum (gegen schlechte Mischung der Körpersäfte, vor allem des Blutes), einem Abführmittel und einem Karminativum (gegen Blähungen). Ein Beispiel:

Löwenzahnwurzel und -kraut Wacholderbeeren	Antidyskratika
Sennesblätter Faulbaumrinde	Abführmittel
Kümmel	Karminativum

werden zu gleichen Teilen auf die Menge von 20 g gemischt. 1 Teelöffel auf 1 Tasse aufbrühen, mehrere Tage nacheinander trinken.

Eine weitere Zubereitungsform des Löwenzahns ist der

Frische Preßsaft

Von diesem Saft sagt der bekannte Botaniker und Kräuterkundige H. Marzell: *»Der aus der Pflanze gewonnene Saft ist ein Bestandteil der sogenannten Frühlingskräutersäfte, die* *vor drei bis vier Jahrzehnten als Belebungsmittel noch sehr im Schwunge waren, heutzutage nur noch im Volke verwendet werden. Die Hauptbestandteile der Kräutermischung, die durch Zermalmen und Auspressen gewonnen werden, waren:*

Löwenzahn (40 Teile)

Schafgarbe (20 Teile)

Gundermann (20 Teile)

Schnellkraut (20 Teile)

Bachbunge (10 Teile)

Der Saft wird im Volke gegen Gelbsucht und Leberleiden genommen (aus Neues Illustriertes Kräuterbuch, Reutlingen, 1935).

Man kann auch zurückgreifen auf

Löwenzahntinktur

Diese kann man in der Apotheke kaufen oder selbst herstellen. Die frischen, jungen Blätter und Wurzeln werden fein zerschnitten, gequetscht und ausgepreßt. Den Saft vermischt man mit der gleichen Menge Weingeist und läßt das Ganze drei Wochen in einer Flasche stehen. Danach gießt man die obenstehende klare Flüssigkeit ab. Von dieser Tinktur nimmt man über einen längeren Zeitraum täglich zwei- bis dreimal vier Tropfen.

Erwähnt werden soll hier noch, daß in Apotheken und Reformhäusern viele Löwenzahn-Präparate als Galle-, Leber- und Blutreinigungsmittel erhältlich sind. Ein gutes Beispiel einer sinnvollen Kombination von Löwenzahn mit anderen Heilkräutern stellen z.B. Dr. Grandels Leber-Gallenkapseln dar. Dr. R.F. Weiß hält sie für eine gelungene Kombination aus Löwenzahnextrakt mit den Extrakten aus der Mariendistel und dem Rhabarber: *»Sie sind ein Gallenmittel mit gleichzeitiger hepatotropher (auf die Leber gerichtete) Wirkung und mit einer milder Anregung der Darmtätigkeit. Daher eignet es sich sowohl für alle Zustände von Cholezystopathie (Gallenblasenleiden) ... als auch für die primäre und postoperative Dyskinese der Gallenwege.«*

In der Homöopathie wird der Löwenzahn bei Leberleiden, Rheuma, Zuckerkrankheit, Neuralgien und auch zur **»Blutreinigung«** eingesetzt. Homöopathen empfehlen entweder die Urtinktur mit 1–3 Tropfen dreimal täglich oder Verdünnungen von 1:10 bis 1:1000 (D1–D3) mit bis zu 8 Tropfen mehrmals täglich.

Wer bisher von all den Leiden, die der Löwenzahn heilen kann, verschont blieb, sollte dennoch auf diese Pflanze nicht verzichten. Sie beugt diesen Krankheiten vor, und ihr bitteraromatischer Geschmack in den verschiedenen Zubereitungen in der Küche ist ein Genuß.

Hier sei noch eine Bemerkung erlaubt: Da Kinder gern mit dem Löwenzahn spielen, wird immer wieder die Frage aufgeworfen, ob die Löwenzahnpflanze Giftstoffe enthalte. Man denkt da vor allem an den Milchsaft. Saugen Kinder diesen Saft in größeren Mengen aus, kann es zu Übelkeit, Erbrechen und Durchfall kommen; auch Herzrhythmusstörungen wurden nach dem »Genuß« dieses Saftes beobachtet. Vorsicht scheint also geboten, wenn Kinder mit der Pusteblume spielen. – Außerdem hinterläßt der Milchsaft auf der Kleidung der Kinder häßliche Flecken, die mit den üblichen Reinigungsmitteln nur schwer zu entfernen sind.

WAS MAN DEM LÖWENZAHN SONST NOCH ZUTRAUT

»Wie der Löwenzahn mit seinen kriegerisch gezähnten Blättern und leuchtend gelben Blüten und dickem Milchsaft etwas Kriegerisch-Cholerisches im Wiesengrund darstellt, so wirkt er, eine sich schon der Giftwirkung nähernde Pflanze, vorzugsweise auf cholerische Naturen, die einer gesteigerten Gallentätigkeit unterliegen.« Auch so, wie die Doktoren Grusche und Maemecke es in ihrem Büchlein **»Heilpflanzen«** (Minden, 1978) tun, kann man den Löwenzahn vereinnahmen. Für sie und andere ist es **»ohne weiteres einleuchtend, daß der Löwenzahn selbst bei den schwersten uns bekannten Störungen, der krebsigen Entartung, unterstützend wirken kann«.** Und sogar das kann der Löwenzahn: Wenn man im Frühjahr mit diesem Saft (gemeint ist der Preßsaft aus dem Löwenzahn) eine Kur von vier Wochen Dauer mit täglich zwei Eßlöffel durchsteht, können nicht nur Haut- und Leberleiden, sondern auch Syphilis oder Blei- und andere Metallvergiftungen wirksam bekämpft werden.

Maria Treben, die wundergläubige Kräuterkundige,

auch noch einige Heileffekte des Löwenzahns heraus. Zucker-kranke sollen die Stengel dieser Pflanze täglich kauen, bis der Löwenzahn in Blüte stehe. Zudem ist der Löwenzahn in der Lage, »*den Magen von allerlei verhockten Stoffen*« zu reinigen.

Andere glauben noch, daß der Löwenzahn stärkend, ab-führend und anregend sei; daß er gegen Skorbut wirke, daß ein Fußbad die Arthritis vertreibe und das Ohrensausen; daß der Wein aus Löwenzahn das Fieber senke; daß er bitteren Geschmack im Munde und den Kopfschwindel vertreibe; daß die Wurzel bei roten, entzündeten Augen helfen könne.

Der Pfarrer S. Kneipp hat seine eigenen Vorstellungen von den Wohltaten des Löwenzahns. Im Großen Kneipp-Buch von 1909 ist zu erfahren: »*Ein Teller von solchen Salats, während des Tages mit einem Stück Kraftbrod gegessen, ist nicht bloß ein nährendes sondern auch ein blutbildendes (!) Nahrungs-mittel.*

Die Löwenzahnblätter geben aber auch einen vorzüglichen Thee. Hauptsächlich wirkt dieser auflösend im Magen, wenn sich Verschleimung angesammelt hat. Wir müssen nur einmal denken, was alles in den Magen hineinkommt. Von dem bleibt gewöhnlich etwas an den Magenwänden hängen, und die Wände würden aussehen, wie wenn die Schnecke ein Netzt zurückgelassen hat. Dieser Thee ist aber nicht nur reinigend für den Magen, sondern auch für die Unterleibsorgane. Er lenkt Verschleimungen ab und ist besonders zu empfehlen bei Hämorrhoiden.

Endlich, wer hat keine verschleimte Lunge? Leute, die viel im Zimmer sein müssen, athmen auch viel Staub ein, die Lunge arbei-tet schwach, und der Blasbalg geht hart. Der Thee von Löwenzahn säubert also die Lungen und wirkt so auf die ganze Brust.«

DER LÖWENZAHN
ALS NAHRUNGSMITTEL

Sein bitter-würziger Geschmack und sein Reichtum an Vitaminen und Mineralstoffen aber auch zahlreichen anderen Inhaltsstoffen machen den gesundheitlichen Wert dieser Pflanze aus und ließen den Löwenzahn zu einem beliebten Wildkraut werden, das in der Küche vielseitige Verwendung findet. In Italien und Frankreich ist diese Pflanze so beliebt, daß das Angebot an wildwachsenden Löwenzahn-Exemplaren nicht ausreicht, um die ungeheure Nachfrage zu decken. Dort wird er in mehreren Zuchtrassen angebaut: als »Großblättriger Löwenzahn« mit sehr großen, bis zu 60 cm langen Blättern; als »Krausblättriger Löwenzahn«, bei dem die Rosette wie beim Kopfsalat zusammenwächst; als »Frühester, verbesserter Löwenzahn«, eine sehr große, raschwüchsige Form. Bis heute schwärmen Italiener und Franzosen von diesem Wildkraut. Dort gehört es nicht nur auf die festliche Tafel; man weiß auch um die heilkräftigen Wirkungen dieser Pflanze. Allerdings ist der Löwenzahn wegen seines etwas bitteren Geschmacks nicht jedermanns Sache. Auf unseren Wochenmärkten ist er wohl daher nicht zu finden.

Die Löwenzahnblätter werden am besten im Frühjahr kurz vor der vollen Blüte der Pflanze gesammelt. Später werden die oberen Blätter verwendet, da die unteren zuviel Bit-

terstoffe enthalten; allerdings läßt sich ein Teil der Bitterstoffe durch Wässern ausziehen. Durch das Zusammenbinden der Rosetten oder durch Abdecken mit Platten, Brettern oder Steinen kann man die inneren Blätter bleichen, sie werden dann zarter und weniger bitter. Die Rosette wird über der Erde abgeschnitten, die Pflanze treibt dann schnell wieder aus; schneidet man zu tief, bilden sich mehrere schwächere Rosetten neu aus.

REZEPTE FÜR LÖWENZAHNGERICHTE

Der Schweizer Arzt und Ernährungsforscher Bircher-Brenner (»Erfinder« des Bircher-Müsli) erkannte in den Wildkräutern *»eine viel zu wenig bekannte, erstaunliche Heilkraft gegen ein ganzes Heer der verbreitetsten Krankheiten«.* Welche Kräfte der Pflanze das bewirken konnten, war zunächst nicht bekannt. Bald kam man auf die Vitamine, Mineralstoffe und Spurenelemente, die als Gesundbrunnen galten. Damit waren aber nicht alle Heilkräfte gegen so viele verschiedene Leiden zu erklären. Die Pflanzen haben zudem noch die verschiedensten Inhaltsstoffe, die in ihrer Gesamtwirkung vorbeugen oder gar heilen können.

Um diese Heilkräfte nutzen zu können, muß man bei der Bereitung von Salaten und Gemüsen aus Wildfrüchten einiges beachten: Sie sollten immer frisch verwendet werden, denn durch zu lange Lagerung, vor allem aber durch unsachgemäßes Kochen verlieren die Vitamine und andere Stoffe an Wirksamkeit, und mit dem Kochwasser gehen Mineralien verloren. Wenn diese grundlegenden Regeln beachtet werden, könnte die Forderung des Hippokrates erfüllt werden, der vor 2500 Jahren sagte: *»Eure Nahrungsmittel sollten Heilmittel und eure Heilmittel Nahrungsmittel sein!«*

Aber in diese uralten Erkenntnisse über eine gesunde Ernährung fällt sogleich ein Wermutstropfen: Nicht alles ist gesund, was da grünt und frisch auf den Tisch kommt! Die Probleme stellen sich schon beim Sammeln der Kräuter. Sie wachsen am liebsten auf mit Stickstoff reichlich versorgten Plätzen, dort, wo Abwasser, organische Abfälle oder gar Stickstoffdüngemittel hingelangen. Das gilt vor allem für den Löwenzahn, dadurch kann er besonders nitratreich werden. Nitrate in Gemüse und Salaten können über ihre Umwandlungsprodukte im menschlichen Körper krebserregend wirken. Nitratreiche Gemüse und Salate sollten nicht in großer Menge verzehrt werden.

Zwar werden die meisten Wildkräuter nicht direkt mit Pflanzenschutzmitteln gespritzt, sie müssen jedoch an den verschiedenen Standorten andere Umweltbelastungen ertragen: Blei aus Autoabgasen, andere Schwermetalle aus der Industrie, Gifte aus Deponien, Pflanzenschutzgifte aus Abdrift in der Nähe intensiv genutzter landwirtschaftlicher Flächen usw. Dadurch wird das Sammeln von Wildkräutern an den üblichen Stellen, wie Straßenrändern, Feldrainen, Gräben und Schutthalden, zu riskant.

Es bleibt nur der in dieser Reihe schon mal gemachte Vorschlag, die Wildgemüse nach bestimmten Vorschriften anzubauen, die die beschriebenen Mängel ausschließen, sie in seinem Garten zu kultivieren oder auf Feldern zu ziehen. Beim Löwenzahn und bei vielen anderen Wildkräutern macht die Aufzucht im eigenen Garten keine Schwierigkeiten. Dort kann man die Überdüngung mit Stickstoff und die Vergiftung durch Pestizide und andere Schadstoffe verhindern. Die Samen sammeln wir an wildwachsenden Pflanzen oder kaufen sie in Spezialgeschäften.

Durch diese Art der Wildkräuter-Beschaffung ließen sich auch andere Probleme umgehen: Die heute noch wildwachsenden Bestände werden geschont. Es kommen keine Verwechslungen mit anderen, nicht brauchbaren Kräutern mehr vor – vielen Kräuterliebhabern fehlen die notwendigen botanischen Kenntnisse. Dann kann es nicht passieren, daß jemand die Wilde Möhre mit dem Gefleckten Schierling oder bestimmte Laucharten mit der Herbstzeitlosen verwechselt und diesen Irrtum mit dem Leben bezahlt.

Im Gegensatz zu den Empfehlungen, die im Kapitel **»Löwenzahn in der Heilkunde«** gegeben wurden, muß man sich in der Küche nicht sklavisch an die vorgeschlagenen Rezepte halten. Jedes Wildkraut hat seinen typischen Geschmack. Ob der einem zusagt oder nicht, muß man zunächst feststellen. Eine kleine Menge des betreffenden Krautes wird in Butter gedünstet und nach leichtem Salzen gekostet. Auf diese Weise findet jeder die seiner Zunge zusagenden Wildkräuter heraus und kann sie nun in Salaten, Suppen, Gemüsen u.a. so miteinander kombinieren, daß eine wohlschmeckende Mischung entsteht. Wem z.B. der Geschmack des Löwenzahns ein wenig zu bitter erscheint, der kann mit Milch oder Sahne den Geschmack etwas abmildern. Andere ziehen das Wässern der Löwenzahnblätter vor, wobei allerdings ein Teil der gesundheitlichen Bitterstoffe verlorengeht.

Salate

Etwa 125 g junge, zarte Löwenzahnblätter, die vor der Blüte gepflückt werden, schneidet man nach dem Waschen in feine Streifen und gibt sie in eine der nun beschriebenen Salatsoßen.

a) 3 Eßlöffel Salatöl
1–2 Eßlöffel Zitronensaft (oder Essig)
1 Prise Salz
1 Teelöffel feingehackte Kräuter

Öl, Zitronensaft und Salz werden mit einer Gabel so lange geschlagen, bis eine dickflüssige Emulsion entsteht, die feingehackten Kräuter kommen dazu. Dann mischt man diese Soße gründlich mit den geschnittenen Löwenzahnblättern durch.

b) 1–2 Eßlöffel Salatöl
1 Eßlöffel Zitronensaft (oder Essig)
1 Prise Salz, 1 Prise Zucker
2 Eßlöffel saure Sahne
1 kleingeschnittene Zwiebel
1 Teelöffel feingehackte Kräuter

Salatöl, Zitronensaft, Salz und Zucker werden gründlich verquirlt oder geschlagen, dann kommen Sahne, Zwiebeln und Kräuter dazu.

c) Diese Grundrezepte lassen sich abändern durch ausgelassenen, geräucherten und in kleine Würfel geschnittenen Speck oder gewürfelte Kasslerstückchen. Mit gemahlenen Nüssen, Schafskäse, Meerrettich oder Estragon läßt sich der Geschmack der Soße erheblich verfeinern. Statt saurer Sahne kann man auch Joghurt verwenden. Gießt man statt Zitronensaft heißen Essig über den Salat, verliert das Blatt einiges von seinem bitteren Geschmack.

Löwenzahnsalat mit Rahmkäse

Dieser pikante Salat wird aus 150 g jungen Löwenzahnblättern, einem Würfel Doppelrahmkäse, 1 Eßlöffel saurer Sahne, 1 Eßlöffel trockenem Sherry, feingehackter Petersilie und Salz angerichtet.
Die Löwenzahnblätter werden gründlich gesäubert und eine halbe Stunde gewässert. Dann werden sie in feine Streifen geschnitten. Der Rahmkäse wird zerdrückt und mit der sauren Sahne vermischt; nun wird der Sherry untergerührt und mit Salz abgeschmeckt. Diese Marinade gießt man über die Löwenzahnblätter und streut zum Schluß die Petersilie darüber.

GEMISCHTER SALAT MIT LÖWENZAHN

Benötigt werden: 150 g zarte Löwenzahnblätter, 1 Kopfsalat,
1 Zwiebel, 30 g Brunnenkresse, 2–3 Eßlöffel Estragon-Essig,
4 Eßlöffel Salatöl, Salz, Pfeffer, wenig feingeschnittener
Estragon, 50 g Speckwürfel (durchwachsen, geräuchert).
Die Löwenzahnblätter werden in Streifen geschnitten und
mit den zerpflückten Salatblättern vermischt, die
feingehackte Zwiebel und die Brunnenkresse dazugegeben
und alles gut durchgemischt. Aus dem Estragon-Essig, dem
Öl und den Gewürzen wird eine Marinade bereitet, der man
etwas Zucker beimischen kann. Marinade und Salat werden
zusammengegeben, und das Ganze wird in einer Schüssel
serviert, die vorher mit einer Knoblauchzehe ausgerieben
wurde. »Garniert« wird mit den ausgebratenen
Speckstückchen.

LÖWENZAHN-GÄNSEBLÜMCHEN-SALAT

Junge Löwenzahnblätter und Gänseblümchenblätter zu
gleichen Teilen mischen, mit der Grundmarinade übergießen
und »ziehen« lassen. Vor dem Servieren mit kleinen
Stückchen geräucherten Specks, den man kroß gebraten hat,
übergießen.

E.M. Helm fand diese alten Rezepte (in: Wildpflanzen und
Kräuter in der Küche. München, 1978).

Löwenzahnsalat nach Bauernart

Zarte Löwenzahnblätter in eine erwärmte, mit einer Knoblauchzehe ausgeriebene Schüssel legen und rasch mit rotem Weinessig, einer Prise Salz und wenig Pfeffer vermischen. Kroß gebratene Speckwürfel darübergeben und sofort servieren.

Löwenzahn-Käse-Salat

Junge Löwenzahnblätter mit einer Salatsoße aus 1/3 Essig, 2/3 Olivenöl, Salz, Pfeffer, 1 Prise Zucker und 1 Teelöffel Senf vermischen und ein Stückchen Brot, das man mit einer Knoblauchzehe abgerieben hat, in die Salatschüssel geben. Nun mischt man schmale Gruyère-Käsestreifen unter den Salat und läßt ihn etwas ziehen.

Löwenzahnkronensalat

Die Kronen kreuzweise fein schneiden, wenig Salz, eine Prise Zucker und eine feingeschnittene Zwiebel zugeben. 2 bis 3 Scheiben kleingeschnittenen Frühstücksspeck knusprig braten, aus der Pfanne nehmen und in das heiße Fett 2 Eßlöffel Mostessig geben. Diese Soße aufkochen lassen, über die geschnittenen Löwenzahnkronen schütten und untermischen. Den Salat mit Scheiben von hartgekochten Eiern garnieren und sofort servieren.

Gemüse

Greift man nicht auf die allerzartesten Blättchen des Löwenzahns zurück, sondern nimmt andere Blätter, so müssen diese Blätter lange kochen oder dünsten; dabei geht ein Teil des Vitamingehaltes verloren. Man sollte von den älteren Blättern die harten Spitzen abschneiden, sie anschließend gründlich waschen und weichkochen. Erst danach werden sie fein gehackt und mit Fleischbrühe, Salz und Paniermehl gedünstet.

Bei E.M. Helm finden sich noch folgende alte Rezepte:

Löwenzahn-Sauerampfer-Gemüse

Von einer gleichgroßen Menge Löwenzahn und Sauerampfer zuerst den Löwenzahn in Wasser beinahe weichkochen, dann den Sauerampfer zugeben. Wenn beide Gemüse weich sind, ein Stück Butter unterrühren, pfeffern und salzen und noch einmal aufkochen. Mit hartgekochten oder verlorenen Eiern oder gerösteten Semmelschnitten zu Kalbsschnitzeln servieren.

Löwenzahnblüten-Gemüse

Ein delikates Gericht, das fast wie Rosenkohl schmeckt, bilden die Ansätze der Blüten, die sich inmitten der schützenden Blattrosette gebildet haben. Man läßt die gelbliche, fest zusammengerollte Masse ungefähr drei Minuten kochen und schmeckt sie mit Butter und Salz ab.

Löwenzahn-Püree

Junge Blätter überbrühen, gut abtropfen lassen, hacken, in Fleischbrühe dünsten, mit heller Mehlschwitze binden, mit Salz und Pfeffer würzen. Dazu heiße Sahne.

Kräuterauflauf mit Kartoffeln

Löwenzahn wird zusammen mit Brennessel, Wegerich, Gänseblümchen – Gesamtmenge etwa 1 Pfund – fein zerkleinert, gesalzen und mit einer Zwiebel und einer Knoblauchzehe kurz angedünstet. Ein Pfund Pellkartoffeln quetschen und mit Sahne, Eigelb, Salz und Pfeffer quirlen. Gemüse und Kartoffeln werden schichtweise in die Auflaufform gegeben, die obere Schicht bilden die Kartoffeln. Darauf werden Semmelbrösel und geriebener Käse mit Butterflöckchen gestreut. Der Auflauf wird im Backofen etwa eine halbe Stunde bei mittlerer Hitze gebacken.

Risotto mit Löwenzahn

Eine gehackte Zwiebel wird mit 3 Eßlöffel Öl leicht angebraten; nun gibt man 200 g Reis dazu, röstet das Ganze glasig und gibt zwei Handvoll Kräuter zu (Löwenzahn, Frauenmantel, Malve, Wegerich, Bibernelle o.a.). Die Mischung wird im zugedeckten Topf gegart und dann mit Brühe aufgefüllt. Das Gemüse läßt man nochmal 15 Minuten lang kochen und schmeckt ab. Zum Schluß wird das Ganze mit Parmesankäse bestreut.

Reisbällchen mit Kräutern

Zwei Handvoll Kräuter – Löwenzahn, Brennessel, Wermut, Schnittlauch o.ä. – fein schneiden und in Fett anbraten. 100 g Reis untermischen und in Wasser quellen lassen. 150 g Reismehl mit heißem Wasser kneten, würzen, zu kleinen Bällchen formen und in viel Öl ausbacken. Die Bällchen setzt man auf den Kräuterreis, läßt das Ganze kurz aufkochen und serviert.

Kroketten

Für zwei Personen benötigt man: 3 Tassen feingehackte Blätter und Wurzeln des Löwenzahns, die zuvor gründlich gereinigt und abgeschabt wurden. Das Gemüse wird mit Zwiebeln in Fett gedünstet. Aus einer Tasse Mehl (Weizen-,

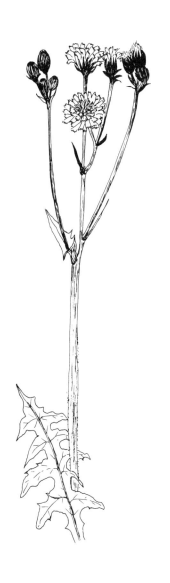

Buchweizen- oder Haferflockenmehl), Salz und etwas Wasser wird ein fester Teig bereitet, in den der Löwenzahn eingeknetet wird. Daraus werden kleine Kroketten geformt, die in reichlich Fett ausgebacken werden. (Nach E.u.K. Hollerbach, »Kraut und Unkraut«, München, 1979).

Cocktail

Man benötigt: 200 g Löwenzahnblätter, eine halbe Sellerieknolle, einen Apfel, zwei Karotten und den Saft einer halben Zitrone
Die Pflanzen werden gründlich gereinigt, kleingeschnitten und anschließend durch den Fleischwolf gedreht. Dieser Gemüsebrei wird durch ein Tuch kräftig ausgedrückt und mit der Zitrone abgeschmeckt. Der Cocktail ist besonders geeignet, die Frühjahrskur (»Blutreinigung«) abwechslungsreicher zu gestalten.

Kräuterbutter

Zur Bereitung der Kräuterbutter eignen sich viele Wildkräuter; neben der Brennessel, dem Gänseblümchen, der Melde und der Brunnenkresse auch der Löwenzahn. Die am besten schmeckende Mischung sollte man selbst durch Probieren herausfinden. Man nehme jedoch in jedem Fall junge, zarte Blätter der Wildpflanzen. Sie werden sorgfältig zerkleinert und mit Butter und etwas Salz zerdrückt. Eine zerriebene Knoblauchzehe rundet den Geschmack ab.

Kapern

Die »richtigen« Kapern werden aus den Blütenknospen des in südlichen Gefilden wachsenden Kapernstrauchs *(Capparis spinosa)* gewonnen. Die erbsengroßen, grünbraunen Knospen schmecken würzig-pikant zu Salaten, Saucen und Gemüsen. Aus den Blütenknospen des Besenginsters, der Dotterblume und auch des Löwenzahns lassen sich »falsche« Kapern herstellen.

Die Knospen werden gründlich gereinigt und mit Salz bestreut. Dann gibt man sie in kochendes Wasser und läßt ein paarmal aufwallen. Nach dem Abtropfen werden sie in Gläser gefüllt und mit heißem Essig übergossen. Diesen Aufguß läßt man einige Tage stehen, kocht dann nochmals mit dem Essig auf und füllt das Ganze in Gläser, die man gut verschließt.

Honig

3–4 Handvoll saubere Löwenzahnblüten werden in Salzwasser gewässert, um sie von kleinen Käfern zu befreien, die sich gern in dieser Blüte aufhalten, danach in 1 l Wasser 20 Minuten lang gekocht und anschließend filtriert. In die heiße Flüssigkeit kommt ein Pfund Zucker und der Saft einer

Zitrone. Unter ständigem Umrühren so lange sanft kochen lassen, bis der Zucker aufgelöst ist. Danach bei kleiner Flamme noch mindestens eine Viertelstunde ziehen lassen. Der Honig wird in Marmeladengläser abgefüllt.

Der so gewonnene Honig ist, wenn er sorgfältig zubereitet wurde, geschmacklich von »**echtem**« Honig nicht zu unterscheiden – behaupten die Kenner.

Löwenzahnwurzel-Kaffee

Die Wurzeln einiger kräftiger Löwenzahnstauden werden gründlich gesäubert, und die Wurzelrinde wird entfernt. Die zerschnittenen Wurzelstückchen werden an der Sonne oder im Backofen bei 50° C gut getrocknet. Anschließend wird das Trockengut in einer Pfanne geröstet und sofort danach feingemahlen. Ein Teelöffel dieses Pulvers genügt für eine Tasse Kaffee. Diesen Kaffee kann man auch in Reformhäusern kaufen, er findet nach wie vor seine Abnehmer.

Wein

Sogar zur Weinherstellung ist der Löwenzahn zu gebrauchen, wie ein altes Rezept ausweist. Man braucht dazu 1 kg geöffnete, also bei gutem Wetter gepflückte Löwenzahnblüten. Diese Blüten werden mit 4 Liter Wasser übergossen. Den Topf zudecken und 24 Stunden stehen lassen. Dann setzt man dem Auszug ein Pfund Zucker zu und preßt nach einiger Zeit den Saft aus den Blüten heraus. Dieser Saft kommt in ein Steingut- oder Glasgefäß (Gärballon), dazu Moselhefe. Das Steingutgefäß wird mit einem Tuch abgedeckt, der Gärballon mit einem Gärröhrchen versehen und für sechs Tage an einen warmen Platz gestellt. Nach Beendigung der Gärung wird vorsichtig dekantiert, so daß die Hefe am Boden des Gefäßes zurückbleibt. Man läßt nun etwa drei Wochen lang nachgaren und füllt zum Schluß in Flaschen ab. Nach längerer Flaschengärung – dabei müssen die Flaschen ständig kontrolliert werden, von Zeit zu Zeit muß das entstandene Kohlendioxid entweichen – ist dann ein Wein herangereift, der von guten Traubenweinen nicht zu unterscheiden ist – meinen die Kenner!

Magenbitter

Wer die Heilkräfte des Löwenzahns mit Hilfe des Alkohols »genießen« möchte, der braue sich einen Magenbitter. Dazu braucht man etwa 25 ausgereifte Blütenknospen, die gründlich von Käfern und anderen kleinen Tierchen gesäubert und von den Hüllkelchen befreit werden. Darüber gießt man den 38%igen Schnaps und läßt 3–4 Wochen ausziehen. Danach wird abgeseiht und der Magenbitter in Flaschen abgefüllt.

Der Einsatz des Löwenzahns in der Küche begann in

Italien, wo er lange als Arme-Leute-Kost galt. Inzwischen hat er sich – zumindest dort und in Frankreich – in die vornehme Küche vorgewagt und ist zum festen Bestandteil des Menüs geworden. Die Zubereitungen in der Küche, aber auch die hier aufgeführten Möglichkeiten der Löwenzahn-Bereitungen haben nicht nur den Sinn, dem Gaumen neue Freuden zu bescheren; damit verbunden ist immer auch eine gesundheitliche Wirkung, die als Prophylaxe oder direkte Heilwirkung gegen bestimmte krankhafte Zustände gerichtet ist.

DER LÖWENZAHN –
DES EINEN FREUD,
DES ANDEREN LEID

Den meisten Menschen fällt zum Stichwort Löwenzahn nur das Spiel mit Stengeln, Blüten und Fruchtständen dieser Pflanze in ihrer Kinderzeit ein. Mit diesem »Spielzeug« können phantasiebegabte Kinder in der Tat viel anstellen. Stengel und Blüte werden von den Mädchen zu Kränzen geflochten und als Kopfschmuck stolz zur Schau getragen.

Die elastischen Stengel werden ineinander geschoben, so entstehen brauchbare Wasserleitungen. Wenn man die Stengel am unteren Ende vorsichtig einritzt und anschließend ins Wasser hält, rollen sich die Segmente als Folge des nun gestörten Gewebedrucks spiralförmig nach außen, und mit diesen Gebilden kann man viele Spielchen machen.

J.W. Goethe beschreibt das in seinen morphologischen Studien so: *»Wenn man die Stiele des Löwenzahns an einem Ende aufschlitzt, die beiden Seiten des hohlen Röhrchens sachte voneinander trennt, so rollt sich jede in sich nach außen und hängt im Gefolge dessen als eine gewundene Locke spiralförmig gewunden herab, woran sich die Kinder ergötzen und wir dem tiefsten Naturgeheimnis nähertreten.«*

Der Fruchtstand des Löwenzahns heißt **»Lichtlein«**,

weil man ihn wie ein Licht ausblasen kann (Pusteblume). Besondere Freude bereitet es, den Fruchtstand gegen das Licht zu halten, er sieht dann aus wie ein Kronleuchter. Lange wird der einzelne Same nach dem Pusten verfolgt, wie er mit seinem Pappus, ähnlich wie ein Fallschirm, vom Wind fortgetragen wird. Wer imstande ist, sämtliche Samen mit einem Mal fortzublasen, ist ein Glückskind, das noch viel Angenehmes zu erwarten hat. Schafft man dies nicht ganz, dann kann man aus der Zahl der zurückbleibenden Samen schließen, wieviel Uhr es ist, wieviel Jahre der Puster noch leben wird oder wieviel Kinder er einmal haben wird. Ist zudem der freigepustete Fruchtboden fleckenlos weiß, kann der Bläser damit rechnen, in den Himmel zu kommen; ist der jedoch durch Insektenfraß dunkel gefärbt oder völlig unansehnlich geworden, so droht das Fegefeuer oder gar die Hölle.

Manche Kinder bringen es zuwege, die Stengel des Löwenzahns als Trompete zu benutzen und ihm mehr oder meist weniger wohlklingende Töne zu entlocken (Hupeblume, Hüppeblume). Andere Kinder basteln Brillen aus den Blütenstielen.

Der herrliche Anblick blühender Löwenzahn-Wiesen, die später erscheinenden Lichtlein und der Spaß der Kinder an diesen Blumen finden Ausdruck in einem Gedicht von K. Gerold, das er »**Lichter und Sterne**« nannte:

> *»Luftige Lichtlein*
> *Stehen im Wind zuhauf,*
> *Windige Wichtlein,*
> *Blast euch nicht auf!*

Wehet ein Windlein,
Macht's euch im Nu garaus,
Bricht euch ein Kindlein,
Bläst es euch aus!

Nebelgewoben
Dunstiger Strahlenkranz
Plötzlich zerstoben
Alle der Glanz!

Leichtes Gelichter,
Nichts für den Hausgebrauch,
Bin so ein Dichter
Leider ja auch!

Goldige Sterne,
Zwar nicht vom feinsten Gold,
Seh' ich doch gerne,
Bin euch doch hold!

Weidet ein Rindlein,
Geht ihr so mit in Schmaus,
Spielet ein Kindlein,
Fügt's euch zum Strauß.

Ihr seid mit nichten
Sterne vom ersten Rang,
Selber für's Dichten
Kaum von Belang.

Könnt ihr nicht werden
Sterne am Himmelszelt;
Ist doch auf Erden
Platz noch im Feld!«

Diese Sterne und Lichtlein mögen für den Städter eine Augenweide und für die Kinder zum Vergnügen sein, dem Landwirt und dem Gärtner sind sie ein Greuel. Die große Samenzahl (bis zu 5000 je Pflanze) und das verzweigte, tiefreichende Wurzelwerk machen den Löwenzahn zu einem lästigen, schwer zu bekämpfenden Unkraut. Zwar ist sein Futterwert wegen des hohen Eiweiß- und Mineralstoffgehaltes ziemlich hoch, und die Tiere fressen ihn gern. Wenn eine Wiese zum Beispiel nicht mehr als 20 Löwenzahnpflanzen je m² aufweist, hat der Bauer nichts gegen sie. Wird ihr Anteil jedoch höher, verdrängt sie mit ihrer ausgebreiteten Rosette als »Platzräuber« andere wertvolle Futterpflanzen, die Pflanze kann sogar die ganze Grasnarbe zerstören. Bei der Heuernte zerbröckelt zudem das Löwenzahnblatt, so daß zu große Ernteverluste entstehen.

Die Massenausbreitung des Löwenzahns auf Wiesen und Weiden muß auf jeden Fall durch früheren Schnitt und zeitige Beweidung vor der Samenbildung verhindert werden. Etwas schwerer haben's der Gärtner und der Ackerbauer. Beide müssen die Pflanze mit Stumpf und Stiel ausrotten.

Schon das kleinste Wurzelstückchen, das im Boden zurückbleibt, kann einen neuen Laubsproß entwickeln, da der Löwenzahn die Fähigkeit der vegetativen Vermehrung hat, einer Vermehrung, die nicht über den Samen stattfindet, sondern über Wurzelstückchen. Sind diese Bekämpfungsmethoden zu aufwendig oder aus anderen Gründen nicht durchführbar, muß der Landmann zu den Herbiziden greifen, die wiederum andere Nachteile für die Vegetation mit sich bringen.

DER LÖWENZAHN – EIN NÜTZLICHES UNKRAUT

Daß der Löwenzahn einen hohen Futterwert hat, wissen die Kaninchenzüchter am besten, zeitweilig bildet die Löwenzahnrosette das einzige Grünfutter der Stallhasen. Früher wurde die Wurzel gesammelt und gemahlen; sie ist ein »Kraftfutter« mit 17 % Rohprotein, 4,1 % Rohfett und 48 % Kohlenhydraten. Diese hohen Futterwerte findet man auch in der Zichorienwurzel (von der Wegwarte); sie durften in Kriegs- und Notzeiten allerdings nicht verfüttert werden, da sie als Kaffee-Ersatz dringender gebraucht wurden. Die Blätter des Löwenzahns weisen ähnliche Werte auf, dazu enthalten sie noch für das Vieh wichtige Vitamine (C, A und D) und Mineralstoffe. Trotz des Bitterstoffgehaltes wird diese Pflanze vom Weidevieh gern aufgenommen. Für die Heugewinnung taugt sie, wie schon erwähnt, nicht.

Früher galt der Löwenzahn als eines der besten Bienenkräuter, und da er zeitig im Frühjahr blüht, waren die Imker besonders dankbar für diese frühe Bienenweide. Nach neueren Erkenntnissen liefert der Löwenzahn eine gute Erhaltungstracht, kann aber auch zur Honigernte beitragen; der Honig hat aber einen etwas durchdringenden Geschmack, der schon in geringer Menge das Aroma der normalen Honigarten überdeckt. 120 000 Löwenzahnblüten müssen besucht werden, um 1 kg Honig zu bekommen; jeder Blütenkopf hat 100 bis 200 Einzelblüten.

In Notzeiten, als für alle möglichen Produkte des täglichen Bedarfs Ersatzstoffe gesucht wurden, überlegte man sich sogar, den Pappus der Löwenzahnfrüchte zur Fasergewinnung heranzuziehen. Bald erwies sich, daß die Korbblütler Löwenzahn und Distel für Spinnfasern nicht in Frage kommen, da deren Pappushaare zu spröde und brüchig sind. Allerdings waren sie zur Herstellung von Watte und als Polstermaterial oder zum Stopfen von Kissen als Ersatz für Kapok mit Einschränkungen brauchbar.

Es ist noch zu wenig bekannt, daß die Löwenzahnwurzel auch zu Düngezwecken im Garten und im Ackerbau genutzt werden kann. Von der Brennessel (Brennessel-Jauche) ist hinlänglich erwiesen, daß sie eine gute Düngewirkung hat. Ähnliches trifft auch auf die Löwenzahnwurzel zu. Man nimmt 2 kg der frischen Pflanze (Wurzel mit Kraut), gibt 10 l Wasser dazu und kocht das Ganze auf. Die Brühe wird unverdünnt als Düngemittel eingesetzt. Läßt man die Löwenzahnbrühe stehen, bis der Gärungsprozeß abgeschlossen ist und sie nicht mehr schäumt, entsteht die Löwenzahn-Jauche, die fünffach verdünnt als Düngemittel verwendet wird. Mit diesem Düngehilfsmittel können Kunstdünger mit ihren bekannten negativen Nebenwirkungen auf Pflanze und Boden eingespart werden.

Die Blüten des Löwenzahns werden in der biologischen Landwirtschaft den Wirtschaftsdüngern – Stallmist, Kompost – in geringer Menge zugesetzt. Man erwartet davon eine »dynamische« Wirkung: Sie greifen regulierend und fördernd in die Prozesse des Wachstums ein (Koepf, u.a. Biologische Landwirtschaft, Stuttgart, 1979).

DER LÖWENZAHN IM VOLKS- UND ABERGLAUBEN

Die Bedeutung des Löwenzahns im Kinderspiel wurde bereits erörtert. Darüber hinaus war der Löwenzahn für Kinder, aber auch für viele Erwachsene eine bedeutende *Orakelpflanze*. Die nach dem Pusten stehenbleibenden Früchte gaben Auskunft darüber, wie lange der Mensch noch zu leben habe oder wie viele Jahre er noch bis zur Hochzeit warten müsse. Wer es schaffte, die Früchte mit einem Mal wegzublasen, bekam ein neues Kleid, oder ihn erwartete zu Hause ein gutes Essen. Die Zahl der an den Kleidern hängenden Früchte deutete auf die Zahl der Sünden hin, die jemand begangen hat.

Ähnlich wie die Margarite spielt der Löwenzahn auch als Liebesorakel ein wichtige Rolle. Bei der Margarite werden die Strahlblüten mit den Worten *»Er/sie liebt mich, liebt mich nicht...«* ausgezupft. Die gleiche Auskunft bekommt, wer die Früchte des Löwenzahns wegbläst. Manche glaubten auch, wenn die Kinder sämtliche Früchte vom Blütenboden wegbliesen oder den Löwenzahn mit nach Hause nähmen, würden sie ins Bett pissen.

Interessant ist, daß der Löwenzahn früher *gegen* das Bettnässen verwendet wurde, wohl wegen der gelben Blütenfarbe dieser Pflanze (Similia similibus – Gleiches wird mit Gleichem geheilt). Schroeder schreibt in seiner Medizinchymischen Apotheke vom Löwenzahn: »*Herba urinaria oder Lecti minga (Bettpisser) genannt, weil sie vor die Knäblein tauget, die unter dem Schlaffen ins Bett laufen lassen, wenn man ihnen des morgens und abends dieser Wurzel Decoct gibt.*«

Auch in der **Sympathiemedizin** früherer Jahre war der Löwenzahn von einiger Bedeutung. Die Pflanze hieß Augenblume, da sie Augenleiden heilen konnte, wenn man sieben oder neun Löwenzahnwurzeln, die man am Bartholomäustag vor Sonnenaufgang ausgraben mußte, als Amulett um den Hals trug. Wer sich frische Löwenzahnblätter anhängte, solange bis sie vertrocknet waren, verlor sein Zahnweh. Der Milchsaft war den Alten sehr verdächtig; wer den Löwenzahn anfaßte, mußte damit rechnen, einen häßlichen Ausschlag zu bekommen (»Schwärenkraut«). Wem die Fruchthaare in die Augen flogen, der erblindete. Man traute dem Milchsaft aber auch zu, den Milchfluß der Weiber zu fördern und Warzen wegzuzaubern, jedenfalls dann, wenn man ihn am dritten Tag des abnehmenden Mondes auftrug. Weil der Löwenzahn reichlich Milchsaft hat, konnte der auch bei Kühen helfen, denen die Hexen die Milch genommen hatten. Der Milchsaft wurde gesammelt und, mit Kleie vermischt, den Kühen zu fressen gegeben.

Die **Legende** erzählt, daß ein Tropfen Menstruationsblut der heiligen Maria auf den Löwenzahn fiel. Das geschah, als ihre Base Elisabeth sie über ihre unbefleckte Empfängnis aufklärte. Seitdem hat der Löwenzahn neben seinen grünen Blättern auch ein blutrotes.

In alten Berichten ist viel von den **Frühlingsblumen** die

Rede, die im Volksglauben eine besondere Stellung einnahmen; dazu gehörte auch der Löwenzahn. Diese Blumen wurden als Vorzeichen beginnenden Wachstums und als Symbole besonderer Vegetationskraft angesehen; das mußte ihnen hervorragende Kräfte verleihen. Sehr früh gefundene Blüten sollten vor allerlei Krankheiten und Wehdag schützen für den Rest des Jahres. Auf sie konnte man auch Krankheiten übertragen. Zudem wurden sie mit Blitz und Donner in Zusammenhang gebracht. Man durfte sie nicht pflücken und mit nach Hause nehmen, dann bestand die Gefahr, daß der Blitz einschlug.